AF247942

Or
434

EXTRAITS

DES PRINCIPALES PIÈCES JUSTIFICATIVES

CONCERNANT L'EMPRUNT PORTUGAIS 1832

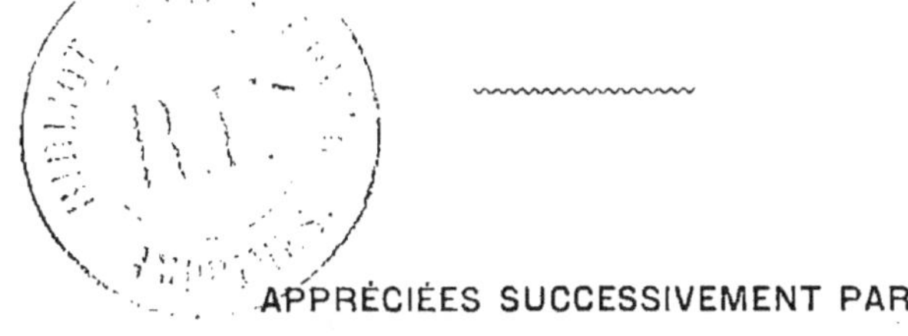

APPRÉCIÉES SUCCESSIVEMENT PAR

Le Tribunal de la Seine (Le Droit, 9 janvier)

La Cour d'Appel de Paris (Le Droit, 18 juillet 1880)

La Chambre des Députés (Journal Officiel, 12 juillet 1880)

PARIS

LIBRAIRIE NOUVELLE, 17, BOULEVARD MONTMARTRE

1881

EXTRAITS

DES PRINCIPALES PIÈCES JUSTIFICATIVES

CONCERNANT L'EMPRUNT PORTUGAIS 1832

SOMMAIRE :

I. — *14 avril 1832.* — Le Gouvernement portugais est autorisé à contracter un emprunt de 40 millions.

II. — *16 juillet 1832.* — Soumission de cet Emprunt par un syndicat de banquiers de Paris. — Contrat passé à Lisbonne entre le ministre des finances et le syndicat des banquiers.

III. — *5 octobre 1832.* — Exécution du contrat par les soumissionnaires. — Paiements successifs et délivrance de titres correspondants *à partir du 5 octobre 1832.*

IV. — *5 octobre 1832.* — Quittance authentique délivrée par le Gouvernement portugais aux banquiers soumissionnaires.

V. — *3 avril 1833.* — Émission publique des titres à la Bourse de Paris par les banquiers soumissionnaires. — Cote. — Négociations par agents de change. — Annonce des coupons et tirages semestriels.

VI. — *30 août 1833.* — Résultat de l'émission. — Statistique des obligations portugaises placées dans le public français *depuis le 30 avril jusqu'au 31 juillet 1833. 27,000 titres.*

VII. — *31 décembre 1833.* — Statistique des obligations portugaises à la bourse de Paris, au 31 décembre 1833 et années suivantes.

VIII. — *9 août 1833.* — Changement dans le gouvernement à Lisbonne. — D. Pedro succède à son frère D. Miguel 1er et prend la suite de l'Emprunt 1832. — Révocation des anciens fonctionnaires à l'exception du trésorier général au nom duquel sont adressés les versements envoyés de Paris à valoir sur l'Emprunt 1832. — D. Pedro nomme une commission spéciale pour obtenir le paiement restant à faire sur l'Emprunt 1832.

IX. — *1833-1834.* — Cours officiels de l'Emprunt portugais 1832 à la Bourse de Paris de mai 1833 à juin 1834.

X. — *1834-1842.* — Poursuites exercées par le gouvernement de D. Pedro et de D. Maria *contre les souscripteurs en retard* de l'Emprunt 1832.

XI — *1836-1847*. — Consolidation par la reine D. Maria en rentes 4 0/0 et 5 0/0 et pour leur valeur nominale des divers emprunts intérieurs émis en Portugal sous le règne de D. Miguel 1er.

XII. — *28 mai 1847*. — Consolidation proposée à l'Emprunt extérieur 1832 aux mêmes conditions.

XII. — *29 avril 1858*. — Rapport adopté par le Sénat en vue d'une intervention diplomatique de la part du gouvernement Français.

XIV. — *10 juin 1864*. — Transaction offerte par le gouvernement Portugais aux titres non amortis de l'Emprunt 1832.

XV. — *1er novembre 1880*. — Quel est le nombre réel des obligations Portugaises 1832 restées en souffrance au 1er novembre 1880 ?

I

Le Gouvernement Portugais est autorisé à contracter un Emprunt de 40 millions.

14 avril 1832

Décret Royal autorisant le Ministre-Secrétaire d'État au departement des Finances du Royaume du Portugal à ouvrir des négociations pour un emprunt de 40 millions.

Le texte complet de ce décret qui figure à la collection officielle de LÉGISLATION PORTUGAISE promulguée sous le règne de Dom Miguel Ier, a été retranché de la dernière réimpression faite depuis lors par le gouvernement actuel (Lisbonne, imprimerie nationale 1843 et 1869). Dans cette dernière réimpression on voit figurer seulement les décrets d'émission DES EMPRUNTS INTÉRIEURS ÉMIS SOUS DOM MIGUEL ET CONVERTIS PAR DONA MARIA en rente portugaise actuelle. (Voir page 20.) La date certaine et le sommaire de ce décret du 14 avril 1832 autorisant l'emprunt extérieur ont été indiqués et se trouvent rappelés dans le contrat d'emprunt lui-même reproduit ci-après d'après le texte qui vient d'en être publié par le gouvernement portugais au cours du procès soutenu à Paris contre ses créanciers.

II

Soumission de l'Emprunt par un syndicat de banquiers de Paris.

16 juillet 1832

Contrat passé et accepté par les soussignés (1).

Son Excellence le ministre-secrétaire d'État au département des finances du royaume du Portugal stipulant au nom de S. M. T. F. d'une part. Et M. Outrequin et Jauge, Gower neveux et Cie, banquiers de Paris et de Londres d'autre part.

1. Il importe de faire ressortir ici dans quelles conditions se trouvait le gouvernement fonctionnant en Portugal depuis 1828, quand dans les premiers mois de l'année 1832, il entrait à Paris en pourparlers avec divers banquiers pour la négociation d'un *emprunt extérieur.*

Il y avait quatre ans et demi que la Royauté de D. Miguel avait été proclamée par les Cortès de Lisbonne et depuis lors son gouvernement n'avait pas cessé de pourvoir régulièrement à toutes les fonctions civiles et militaires de l'État. En matière économiques notamment, il avait remanié le département des *finances* par le service de la *cinquième caisse* (Quinta Caixa), ou *Caisse d'amortissement,* et réglé la circulation du papier monnaie (30 janvier 1830).

On avait liquidé les anciens comptes. Les arriérés dûs aux fournisseurs de l'armée avaient été consolidés par la création de nouvelles rentes 5 % (9 juillet 1830).

Divers *emprunts intérieurs* avaient été réalisés : les uns, comme ceux des 6 Mai 1828 (2010 contos), et 13 novembre 1830 (2.000 contos), pour la consolidation de la dette flottante, les autres comme ceux des 12 juin 1828 et 12 novembre 1831, pour faire face à des besoins nouveaux.

Alors, comme aujourd'hui, les recettes étaient insuffisantes en Portugal. Le déficit existait quoique peut-être moins inquiétant qu'aujourd'hui ; c'est pourquoi, le 14 avril 1832, *un décret royal avait autorisé l'émission d'un Emprunt extérieur de* 40 *millions de francs.* Et jusqu'à la négociation de cet Emprunt, le ministre des finances, comte da Louza demandait un impôt de 10 % sur les intérêts des actions de la banque de Lisbonne et de la Compagnie des vins de Porto pendant deux semestres. 10 *juin* 1832.)

Ce fut alors que le gouvernement portugais s'adressa, selon l'habitude qu'il a toujours eue, à des banquiers étrangers, et après divers pourparlers, signait le 16 juillet 1832 avec MM. Outrequin et Jauge de Paris un traité ayant pour objet la négociation d'un Emprunt de quarante millions de francs divisés en 40,000 obligations de 1,000 francs 5 % et amortissables par tirages semestriels en 32 années successives.

Trois mois après il délivrait à *Lisbonne même* aux banquiers soumissionnaires la quittance de l'Emprunt contresignée par le conseil des ministres, et leur remettait en même temps le premier douzième des titres de *l'Emprunt royal de Portugal* contre un **versement égal** en espèces. (*Emprunt royal de Portugal, pages* 173 *et* 174.)

CE AUJOURD'HUI 16 JUILLET 1832

Par décret de Sa Majesté très fidèle, en date du 14 avril dernier, il a été publié que Son Excellence le Ministre des Finances était *autorisé* à entrer en négociations pour *un emprunt de 40 millions de francs.* MM. Outrequin et Jauge déclarent ici *soumissionner cet emprunt* aux conditions suivantes acceptées de part et d'autre, à savoir :

ARTICLE PREMIER

Le capital de l'emprunt est de 40 millions de francs, valeur nominale.

ART. II

La réalisation des paiements de l'Emprunt sera faite de mois en mois par douzièmes : le *premier paiement d'un douzième* au prix stipulé plus loin sera fait à Paris ou à Londres *aussitôt l'échange du présent contrat* et après avoir obtenu du gouvernement de S. M. T. F. une obligation générale qui embrasse toute l'importance de l'Emprunt, et aussitôt qu'on aura reçu un douzième des titres et des coupons correspondant à ce paiement *effectif,* pour la valeur de *trois millions trois cent trente-trois mille francs trente-trois centimes ; les onze douzièmes restant à payer seront toujours versés en échange des titres qui leur correspondent,* et ces paiements seront faits aux agents du gouvernement Portugais à Paris et à Londres chargés spécialement et autorisés à les recevoir.

ART. III

Aussitôt que le premier versement ou premier douzième aura été payé au prix stipulé plus loin (69 °/₀), *le commissaire ou agent du gouvernement Portugais remettra les titres qui lui correspondent,* chacune des remises de ces titres seront réglées d'un commun accord entre le commissaire Portugais et les contractants quant aux formalités et à leurs importances particulières.

Les contractants sont autorisés à *anticiper* les versements en tout ou pour partie, et dans ce cas, on leur déduira un *escompte de 5 °/₀ l'an sur les paiements anticipés.*

ART. IV

Les paiements seront faits au gouvernement Portugais à Paris en espèces d'or ou d'argent ou en lettre de change sur Lisbonne ou sur Porto au change du jour ou en papiers sur Londres, au change de 25 fr. 70 centimes par livres sterling *à 90 jours de date et avec l'approbation préalable de l'agent Portugais.*

Art. v

L'Emprunt rapportera *un intérêt de cinq pour cent l'an* payable tous les semestres, à **commencer du premier séptembre 1832.**

Art. vi

Le capital sera amorti en trente-deux ans par parties égales *d'années en annécs, à commencer* **le premier août mil huit cent trente-trois,** et à cette fin les coupons et titres seront divisés en trente-deux séries, dont une sera tirée au sort *le premier août de chaque année,* **laquelle sera payée à Paris le premier septembre suivant.**

Le gouvernement Portugais se réserve cependant la faculté d'anticiper *les remboursements,* si l'état des finances le lui permet.

Après chaque tirage les titres amortis seront rayés, annulés et envoyés à Son Excellence le ministre et secrétaire d'État des finances ou remise à l'agent Portugais et un certificat authentique de l'importance de ces polices ainsi amorties sera remis immédiatement aux contractants de même qu'à MM. AA. Gower neveux et Cⁱᵉ agents desdits banquiers à Londres.

Art. vii

Le paiement des intéréts aux porteurs de ces titres et *l'amortissement des séries* **auront lieu à Paris** par l'intermédiaire des banquiers contractants d'accord avec le commissaire Portugais, et pour ces diverses opérations une commission *d'un quart pour cent* sur l'importance des dividendes payés et des titres rachetés sera accordée auxdits banquiers.

Art. viii

Une commission de cinq pour cent sur la valeur nominale des titres est assignée aux banquiers contractants ; cette commission sera retenue par eux à mesure qu'ils auront effectué les versements, proportionnellement à chaque paiement, et il en sera de même pour les dépenses d'impression des titres ainsi que toutes dépenses extraordinaires imposées par le présent contrat d'accord avec le commissaire Portugais.

Art. ix

Les banquiers soumissionnaires sont autorisés à recevoir sur la somme qu'ils verseront à chaque paiement, le montant des deux premiers coupons à échoir pour faire face aux deux premiers semestres. De même aussi ils conserveront 1/32 du capital de chacun de ces versements pour faire face au remboursement de la première série qui sera amortie par tirage au sort *le premier août 1833.*

Art. x

Le prix effectif auquel est soumissionné le présent Emprunt est fixé à 69 %/° (SOIT SIX CENT QUATRE-VINGT-DIX FRANCS PAR OBLIGATION DE MILLE FRANCS) du capital nominal, de telle sorte qu'aucune partie ne pourra se négocier au-dessous de ce prix, à moins que le gouvernement Portugais n'y veuille consentir.

En outre si l'Emprunt tout entier ou une partie seulement venait à être placée *avant son émission à un prix plus élevé* que celui déterminé ci-contre, *le surplus sera considéré comme prime*, et sera partagé par moitié, à titre de bénéfice entre le gouvernement Portugais d'une part et les banquiers soumissionnaires d'autre part.

Art. xi

Pour la *garantie* du présent Emprunt, Sa Majesté Très Fidèle hypothèque tout spécialement le produit du subside militaire qui est prélevé sur la dîme de la ville de *Lisbonne* et de sa *banlieue* ainsi que celle de la *ville de Porto*, et en cas d'insuffisance *généralement tous les revenus du royaume;* cette stipulation sera inscrite dans l'obligation générale donnée ou autorisée par S. M. T. F.

Art. xii

Le gouvernement Portugais ne pourra contracter d'autre Emprunt avant que celui-ci ait été entièrement émis. A l'avenir si le *gouvernement Portugais* veut en contracter de nouveaux, préférence sera donnée à prix égal aux maisons de banque qui figurent au présent contrat.

Art. xiii

Si par une circonstance quelconque l'émission d'une partie du présent Emprunt venait à être retardée ou embarrassée, *le gouvernement Portugais* ne sera responsable que des sommes représentées par les titres émis et dont la valeur lui aura été payée *effectivement*. De même les banquiers soumissionnaires ne pourront être ni inquiétés ni recherchés pour quelque raison que ce soit par le gouvernement de S. M. T. F. pour l'insuffisance de leur paiement, quoi qu'il ait pu déjà être dit à ce sujet, il leur suffira de justifier qu'ils auront versé intégralement les sommes reçues par eux en échange des titres qu'ils auront pu négocier, aux conditions stipulées plus haut et sous la déduction convenue.

Art. xiv

Les contractants sont nommés banquiers de S. M. T. F. à Paris et chargés dans cette capitale des intérêts financiers du *gouvernement Portugais*.

ART. xv

Les parties signataires des présentes justifiant pleinement des avantages qu'ils auraient à nommer des agents en Angleterre pour exécuter les diverses opérations relatives au présent emprunt, et principalement quant aux souscriptions qui pourront être recueillies dans ce pays, nomment ici irrévocablement pour leurs agents en Angleterre la maison Gower, neveux et Cie, laquelle déclare accepter et s'obliger à tenir compte de toutes les sommes qui seront remises entre ses mains, cours produit de l'emprunt, **soit à Sa Majesté Très Fidèle, soit à son successeur le futur souverain du Portugal,** ou à toute autre personne autorisée à cet effet par Sa Majesté : lesdits Messieurs Gower, neveux et Cie, partageront par moitié avec MM. Outrequin et Jauge les commissions et avantages stipulés. Mais il est convenu et distinctement établi que ni MM. X. A. Gower neveux et Cie, ni MM. Outrequin et Jauge ne seront responsables de leurs actes réciproques et que MM. Gower, neveux et Cie seront nommés banquiers de S. M. T. F. à Londres et chargés dans cette capitale des intérêts français du *gouvernement portugais;* MM. Gower pourront déduire directement leur commission, consignation et intérêts, ainsi qu'un trente-deuxième du capital pour l'amortissement du capital de l'emprunt toutes les sommes qu'ils recevraient pour le *gouvernement* et avant de présenter leurs comptes, ainsi qu'il a été stipulé aux art. 7, 8, 9 et 10, pourvu que cela se rapporte aux titres qui auront été négociés à Londres, comme si cette négociation avait eu lieu à Paris.

FAIT AU MINISTÈRE DES FINANCES,

Le ministre des Finances,   *S. F. Outrequin et Jauge,*
   Comte da Louza,   *Par autorisation de MM. Gower, neveux et Cie :*
     Le Conseiller d'État,   *L. F. Outrequin et Jauge.*
Héliodore Jacinthe de Araujo Carneiro.

III

Exécution du contrat par les banquiers soumissionnaires. Paiements successifs par douzièmes et délivrances des titres correspondants.

5 Octobre 1832

Modèle des Titres délivrés le 5 octobre 1832, par le ministre des Finances du Portugal à MM. Outrequin et Jauge, en échange de leurs versements, avec coupon à échoir le 1er mars 1833 :

OBLIGATION
DE MILLE FRANCS

N°   *Série*    

EMPRUNT ROYAL DE PORTUGAL

DE

Quarante Millions de Francs

à l'intérêt de cinq pour cent l'an.

Réparti en 40.000 Obligations de 1.000 francs, remboursables par Séries, en trente-deux années successives.

Les Séries, de 1250 Obligations chacune, seront tirées au sort le 1er Août, et remboursées le 1er septembre de chaque année.

Le premier remboursement aura lieu le 1er Septembre 1833.

Au remboursement des intérêts et du Capital du présent Emprunt, sont affectés spécialement le produit de la dîme ou subside militaire des villes et banlieues de Lisbonne et Oporto; et, au cas d'insuffisance, GÉNÉRALEMENT TOUS LES REVENUS DU ROYAUME.

N°

Le paiement des intérêts, par semestre, et le remboursement des Séries, se feront indifféremment, au choix des porteurs :

A Paris, chez **MM. F. J. Outrequin et Jauge;**
A Londres, chez **MM. A. A. Gower neveux et C**ie.

Lisbonne 5 octobre 1832.

Le Ministre des Finances,
CONDE DA LOUZA D. DIOGO

Par autorisation royale,
Les Commissaires de l'Emprunt,

H. J. D'ARAUJO CARNEIRO
F. D'ALPUIM DE MENEZES

Les Titulaires de l'Emprunt,
Banquiers de la Cour de Portugal,

F. J. OUTREQUIN ET JAUGE

IV

Quittance authentique délivrée par le gouvernement Portugais aux banquiers soumissionnaires.

« Dans la vue de la prospérité de mes États, j'avais résolu de contracter un emprunt de 40 millions de francs.

« Je déclare par la présente avoir reçu la somme de 40 millions de francs, selon le contrat susdit.

« Par la présente, je déclare en mon nom, mes *héritiers* ou *ayants cause*, débiteurs à toutes les personnes intéressées dans le présent emprunt de la somme portée dans chacune des obligations, et je me reconnais dès à présent débiteur envers toutes les personnes qui, à l'avenir, seront porteurs ou propriétaires d'une ou plusieurs de ces obligations, pour le paiement du capital et des intérêts desquelles je promets que l'intérêt de cet emprunt de 40 millions de francs, à raison de 5 0/0 par an, SERA PAYÉ A PARIS, *en paiements semestriels*.

« Nous promettons, en outre, pour nous, *nos héritiers et successeurs*, que le remboursement du capital de cet emprunt sera effectué de manière que tout ce capital soit remboursé dans l'espace de *trente-deux ans*, à compter du 1ᵉʳ *septembre 1832*.

« Pour garantie et sécurité d'amortissement de cet emprunt, tant du capital que des intérêts, j'hypothèque par la présente à tous les preneurs, en mon nom royal et au nom de mes héritiers et successeurs spécialement et exclusivement, *tout le produit* des subsides militaires de la dîme *de la ville de Lisbonne et son territoire, et de la ville de Porto*, et dans le cas que cette hypothèque ne soit pas suffisante, j'engage en général tous les revenus du royaume.

« Je déclare pour moi, *mes héritiers et successeurs*, que la présente doit être considérée comme *inviolable*. . . . . et sera réputée sacrée tant en paix qu'en guerre. . . . . , ...

« Je m'oblige, mes héritiers et successeurs, à l'accomplissement des promesses précédentes. . . . . révoquant, par la présente, toutes les résolutoires et décrets qui s'y opposeraient. . . . .

« En foi de quoi j'ai signé la présente qui sera revêtue du grand sceau des armes du royaume, expédiée par mon ministre des finances, signée par tous les ministres de mon royal cabinet, passée en chancellerie, et une copie authentique en sera déposée aux archives royales de *Torre do Tumbo*, où elle sera enregistrée.

« Donné au palais royal de Queluz le 5 octobre 1832.

« Signée : LE ROI. »

« Contresignée par les ministres : le comte de San Lorenzo, le comte de Louza don Diogo, le comte de Basto, Foie Fortunato, archevêque d'Évora, vicomte de Santarem, Louis de Castro Mendosa. »

V

Émission publique des titres à la Bourse de Paris par les banquiers soumissionnaires

3 Avril 1833.

Émission. — L'Emprunt royal de Portugal fut émis avec une grande publicité à la Bourse de Paris, le 3 avril 1833, *après l'autorisation préalable du Gouvernement français,* par les banquiers Outrequin et Jauge, demeurant rue Neuve-de-Luxembourg, n° 29.

Il apparut aussitôt avec 1 0/0 de prime (*Voir la Quotidienne du 11 avril 1833*), dans tous les bulletins de bourse des grands journaux de l'époque, le *Temps,* le *Courrier Français,* la *Quotidienne,* le *Journal des Débats,* la *Gazette de France,* le *Journal du Commerce,* etc., etc., année 1833 et suivante.

Cote. — La cote des rentes *françaises* et *étrangères* était alors ainsi constituée :

Cours des effets publics.

Cinq pour cent.	Caisse Hypothécaire . . . . . .
Quatre pour cent.	Naples. . . . .
Trois pour cent.	Emprunt Belge. . . . . . .
Banque de France.	Emprunt royal d'Espagne. . . .
Quatre Canaux.	Emprunt Portugais. . . . . .
Canal de Bourgogne.	Emprunt d'Haïti. . . . . . .
Emprunt Romain	Emprunt Grec. . . . .

Négociation. — Le dossier de l'Emprunt avait été préalablement déposé par les banquiers émissionnaires à la Chambre syndicale des agents de change avec modèle du titre, et autres renseignements : en effet, ce fut par le ministère des agents de change et par bordereaux authentiques que l'emprunt portugais fut négocié dès le principe au comptant et à terme, et cela ensuite pendant bien des années.

(Voir l'Emprunt royal de Portugal, page 180-181 la reproduction PHOTOGRAPHIQUE des bordereaux, avec 1/8 0/0 de courtage, lettre d'avis, comptes de liquidation délivrés par les AGENTS DE CHANGE relativement à cet Emprunt.

Annonce des Coupons et tirage semestriels. — Avis du paiement du coupon et du tirage de la série à rembourser était inséré chaque fois daus les journaux de Paris :

MM. F. J. Outrequin ot Jauge ont l'honneur de prévenir le public que le premier tirage au sort d'une des séries de l'Emprunt Portugais aura lieu jeudi prochain, 1er août, à midi, en préseuce de MM. les Commissaires du Portugal, rue de Cléry, 31.

Le remboursement de la série sortie ainsi que le paiement du semestre, se feront au domicile de MM. Outrequin et Jauge, rue Neuve de Luxembourg, 29, le 1er septembre et jours suivants.

(*Gazette de France 29 juillet 1833.*)

VI

Résultat de l'Émission, Statistique des Obligations Portugaises placées dans la public français, depuis le 3 avril jusqu'au 31 juillet 1833.

30 Août 1833.

27,000 titres ou HUIT DOUZIÈMES *de l'Emprunt successivement soldés au gouvernement Portugais par MM. Outrequin et Jauge depuis le 5 octobre 1832,* avaient été revendus au public français pendant les mois d'*avril, mai, juin et juillet 1833,* ainsi que le démontre le tableau *statistique* de toutes les valeurs publiques en circulation à la Bourse de Paris, publié chaque semestre pour guider les opérations à terme :

BOURSE DE PARIS

TABLEAU OFFICIEL DES RENTES FRANÇAISES ET FONDS D'ÉTATS ÉTRANGERS EN CIRCULATION A LA LIQUIDATION DU 31 AOUT 1833

	DÉSIGNATION DES VALEURS	QUOTITÉ DES RENTES ou effets en circulation
1	France 5 0/0, consol	135.160.011
2	— 4 1/2	972.218
3	— 4	2.889.148
4	— 3	31.873.006
5	— Bons du Trésor	»
6	— Banque de France	67.000
7	— Paris, obligation	37.500
8	— Caisse hypothécaire	26.000
9	— 4 Canaux	68.120
10	— Canal de Bourg	25.000
11	Naples 5 0/0	18.000.000
12	Rome 5 0/0 oblig	32.400
13	Espagne 3 0/0	»
14	— Royal 5 0/0	»
15	— Perpétuel 5 0/0	»
16	— Cortès	»
17	Belges obligations	100.000
18	Haïti	30.000
19	Grèce	3.000.000
20	*Portugal, obligations 1832*	*27.000*

Extrait du journal *Le Temps* du 21 septembre 1833 (Biblioth. Nationale.)

Ces huit douzièmes de l'Emprunt payé au gouvernement portugais au prix *minimum* fixé par le contrat de *690 francs par titre (article 10 du contrat, voir page 6)* représentaient pour le Trésor de Lisbonne un encaissement *minimum* de **Dix-huit millions sept cent trente mille francs, versés d'octobre 1832 à fin juin 1833** (1), époque ou venait alors d'avoir

1. Chacun des douzièmes versé au gouvernement portugais, était *effectivement de Deux millions de francs environ* représenté généralement par des lettres de change sur Lisbonne et Londres (article 4 du contrat, voir page 7), à 90 jours.

La comptabilité du gouvernement portugais indique clairement la *régularité parfaite* avec laquelle ces paiements étaient effectués.

lieu la remise du dernier douzième versé par les banquiers contre la dernière livraison de titres effectuée par le gouverne ment portugais (2).

<div style="text-align:center">~~~~~~~~~</div>

VII

Statistique au 31 Décembre 1833 et années suivantes.

Au 31 décembre 1333, le chiffre des obligations portugaises émises à la Bourse de Paris est resté le même qu'en juillet. *(Voir le tableau officiel des valeurs en circulation au 31 décembre 1833. — Journal le Temps, 31 décembre 1833.)* Les tableaux de statistique suivants dressés en 1834, 1835, etc., etc., n'accusent aucune nouvelle augmentation, et *l'émission totale de l'Emprunt n'a pas dépassé le chiffre de 27,000 titres placés dans le public d'avril à juillet 1833, c'est-à-dire avant l'époque où le gouvernement, établi depuis 1828, allait changer de mains en Portugal.*

RELEVÉ DE LA COMPTABILITÉ DU TRÉSOR PORTUGAIS, DU 16 AVRIL AU 9 AOUT 1833
(Publié par le journal le Commercio, du 29 août 1880.)

Sommes reçues par le gouvernement portugais de MM. Outrequin et Jauge de Paris en exécution de l'Emprunt du 16 juillet 1832.

389 Lettres de change sur Lisbonne et Londres d'une valeur de *Réis* :	746,292,147
328 — —	508,663,040
717	
Diverses autres lettres de change	3,982.271
En monnaies étrangères	55,065,760
Réis :	1,314,003,218

Soit en francs : **sept millions cinquante mille francs,** *ou exactement les sommes correspondantes au douzième mensuel que MM. Outrequin et Jauge avaient à payer au gouvernement portugais pendant ce laps de temps, en exécutant strictement leur contrat.*

La comptabilité d'octobre 1832 à *fin mars* 1833 n'a pas été publiée jusqu'ici pour fournir également le contrôle des *premiers douzièmes* versés personnellement par MM. Outrequin et Jauge avant l'emission publique de l'emprunt à Paris.

(2) *Ce dernier douzième versé par l'Emprunt* était également représenté ou porté par des lettres de change sur Lisbonne et Londres. Ces lettres de change expédiées de Paris en plusieurs fois *dans le courant de juillet* 1833 parvenaient à Lisbonne au moment même où une révolution venait de s'accomplir. Les *dernières furent reçues le 7 août* 1833. Elles étaient adressées par MM. Outrequin et Jauge *à l'ordre du trésorier général du Royaume, M. Couto Fernandes. La signature de ce fonctionnaire restant indispensable pour leur recouvrement,* le nouveau Roi D. Pedro, comme on le verra plus loin, maintint *exceptionnellement* M. Fernandes dans ses fonctions à l'effet de *recevoir et d'endosser au fur et à mesure* ces lettres de change à l'ordre d'un M. Soarès qui devait ensuite les mettre à leur échéance *pour le compte du nouveau gouvernement*

VIII

Changements dans le gouvernement à Lisbonne. D. Pedro succède à son frere D. Miguel Ier et prend la suite de l'Emprunt 1832.

31 juillet et 9 août 1833.

Le 31 juillet 1833, la direction administrative change de mains à Lisbonne. C'est D. Pedro qui succède à son frère et prend la suite de l'opération entamée àvec les banquiers de Paris :

Premier décret du nouveau gouvernement. Révocation des anciens fonctionnaires à l'exception unique du Trésorier général du Royaume au nom duquel sont adressés les versements envoyés de Paris.

Le premier décret de D. Pedro en date dn 31 juillet 1833, destitue les fonctionnaires du régime précédent et les remplace par de nouveaux.

Toutefois, parmi ces anciens fonctionnaires, un homme reste *indispensable,* sans la signature duquel le ministère des finances ne pourra toucher les soldes non encore versées de l'emprunt 1832, c'est le directeur de la trésorerie, M. Couto Fernandes.

C'est au nom de ce fonctionnaire que la maison Outrequin et Jauge adresse tous les mois les traites remises en exécution du contrat de 1832, et son endossement est indispensable à leur encaissement.

D. Pedro fait alors *une exception unique et maintient à son poste M. Couto Fernandes.*

Le 7 août, on demande au trésorier général d'endosser toutes les valeurs qui ne sont pas encore échues, à l'ordre du commandeur Manoel Joaquim Soarés. Cet endos est aussitôt effectué et le 9 août, M. Fernandes, *duquel on n'a plus besoin,* est révoqué à son tour. (*Voir Étude du Droit international, par M. Becker, page 61, chez Pedone Lauriel, 1874.*)

Le 9 août 1833, M. Couto Fernandes en quittant ses fonctions remet ses comptes au Ministre des Finances nommé par D. Pedro. Il produit alors un état officiel des dépenses à payer et des ressources pour y faire face. Dans ce dernier chapitre figurent les versements, espèces et valeurs en portefeuilles, que viennent d'effectuer à l'instant MM. Outrequin et Jauge en exécution de l'emprunt de 1832. (*Jornal do Commercio. Lisbonne le 27 août 1880.*)

Deuxieme Décret du nouveau Gouvernement. D. Pedro nomme une commission spéciale pour obtenir les paiements restant à faire sur l'emprunt 1832.

Par le second décret en date du même jour, D. Pedro institue une commission des finances, à laquelle il attribue spécialement la fonction de surveiller les recouvrements à faire sur l'Emprunt 1832, et de pourvoir à l'encaissement de tous les fonds encore dûs au gouvernement précédent *pour les mettre en sûreté dans l'intérêt des obligataires :*

« Je nomme président de la dite commission le ministre secrétaire d'État au département des finances, et comme membres Florido Rodrigues, Ferreira Terray, Jean Ferreira da Costa, Joseph Sampayo, Joachim Gomes de Castro et Gonzalve Joseph de Sousa Lobo.

« Cette commission prendra une connaissance approfondie de tout ce qui peut être propriété publique, sans confondre toutefois ce qui a rapport avec les valeurs négociables de toutes sortes qui peuvent s'y trouver déposés et qui prennent source dans les emprunts contractés par le gouvernement usurpateur.

« Quant à ces valeurs, ladite commission n'est autorisée qu'*à en surveiller la rentrée* et à en conserver le produit, car il n'entre pas dans mes vues d'empêcher la délivrance en temps utile de tous les fonds de cette nature entre les mains de ceux auxquels ils appartiennent.

« Cette ordonnance est commise aux soins, pour son exécution, du ministre des finances,

D. PEDRO, duc DE BRAGANCE.
JOSÉ DA SILVA CARVALHO.

Paço das Necessitades, 31 juillet 1833.

COURS PUBLICS DE L'EMPRUNT PORTUGAIS 1832 A LA BOURSE DE PARIS PENDANT LA 1ʳᵉ ANNÉE DE L'ÉMISSION

Relevée exactement d'après les journaux : *le Temps, la Quotidienne, le Journal des Débats, le Journal du Commerce, la Gazette de France, le Courrier français*, etc., etc. (années 1833 et suivantes), à la Bibliothèque nationale de Paris.

	AVRIL	MAI	JUIN	JUILLET	AOUT	SEPTEMBRE	OCTOBRE	NOVEMBRE	DÉCEMBRE	JANVIER	FÉVR.	MARS	AVRIL	MAI
1	—	702 50	682 50	680 »	665 »	—	595 »	—	—	—	530	525	—	—
2	—	702 50	—	685 »	665 »	540 »	600 »	420 »	—	550 »	—	—	—	—
3	685 »	702 50	677 50	680 »	640 »	562 50	595 »	—	—	—	—	—	575	535 »
4	—	702 50	677 50	687 50	—	580 50	575 05	425 »	—	—	—	535	575	—
5	685 »	697 50	677 50	682 50	510 »	520 »	500 »	—	—	—	550	540	560	510 »
6	—	700 »	677 50	687 50	590 »	525 »	—	—	—	525 »	555	—	—	—
7	—	700 »	680 »	—	—	540 »	—	—	—	—	—	550	—	510 »
8	—	697 50	—	695 »	—	—	—	—	—	—	555	550	565	510 »
9	685 »	697 50	—	700 »	—	530 »	—	425 »	—	580 »	—	—	—	510 »
10	—	697 50	675 »	702 50	440 »	535 »	—	—	—	575 »	—	—	—	510 »
11	—	695 »	672 50	690 »	—	500 »	500 »	—	—	575 »	555	—	—	—
12	—	—	665 »	687 50	—	550 »	495 »	430 »	—	—	545	575	—	—
13	—	695 »	662 50	687 50	—	550 »	—	430 »	—	—	530	—	550	515 »
14	—	692 50	660 »	—	—	525 »	520 »	450 »	—	—	535	570	—	515 »
15	—	695 »	655 »	—	—	—	510 »	—	—	—	—	570	—	515 »
16	—	692 50	—	682 50	510 »	530 »	495 »	450 »	490 »	580 »	—	—	540	515 »
17	—	690 »	655 »	620 »	540 »	560 »	460 »	447 50	—	—	545	575	—	505 »
18	—	692 50	650 »	620 »	555 »	547 50	445 »	—	505 »	—	545	570	545	—
19	—	—	645 »	607 50	542 50	550 »	—	447 50	505 »	—	545	600	—	—
20	683 75	692 50	640 »	620 »	545 »	540 »	—	450 »	—	560 »	—	595	—	515 »
21	—	692 50	630 »	—	555 »	555 »	440 »	—	505 »	—	—	590	—	510 »
22	—	692 50	610 »	630 »	555 »	—	—	460 »	—	—	530	575	540	—
23	683 75	692 50	—	635 »	554 »	560 »	420 »	450 »	—	—	—	—	—	515 »
24	695 »	690 »	610 »	640 »	567 50	560 »	430 »	455 »	—	—	540	570	535	500 »
25	695 »	692 50	610 »	645 »	—	580 »	420 »	—	—	—	550	585	—	505 »
26	697 50	—	620 »	658 75	602 50	567 50	—	—	540 »	—	555	590	520	—
27	702 50	690 »	630 »	—	610 »	565 »	—	—	562 50	—	560	585	—	507 50
28	700 »	687 50	655 »	—	615 »	585 »	—	—	590 »	—	—	—	520	—
29	702 50	690 »	675 »	660 »	570 »	—	425 »	—	—	—	—	570	—	—
30	702 50	687 50	—	667 50	490 »	597 50	—	—	—	555 »	—	—	—	580 »
31	—	—	—	—	520 »	—	—	—	—	—	—	—	—	—

X

10° Poursuites exercées par les Gouvernements en retard de D. Pedro et de D. Maria contre les souscripteurs en retard de l'Emprunt 1832.

(1834-1842)

On peut suivre pas à pas dans les Rapports Officiels présentés chaque année aux Cortès à Lisbonne de 1834 à 1841 les poursuites intentées par les ministres de D. Pedro et de D. Maria en exécution du contrat intervenu le 12 juillet 1832 entre la maison Outrequin et Jauge et le gouvernement Portugais.

Par son décret du 31 juillet 1833, D. Pedro a immédiatement pourvu à la suite de la transaction financière négociée par son prédécesseur.

Le nouveau ministre des finances, M. Silva Carvalho en a reçu la direction des mains mêmes du ministre des finances précédent, lequel était le signataire du traité avec les banquiers de Paris.

Des précautions particulières ont été prises pour assurer la *transmission* régulière dans les écritures, *avec affectation spéciale.*

On le sait, M. Couto Fernandes, fonctionnaire du gouvernement déchu, a été conservé *uniquement* pour signer toutes les pièces nécessaires et les endosser au nom de M. Soarès, fonctionnaire nommé par le nouveau gouvernement.

RAPPORTS OFFICIELS AUX CORTÈS PAR LES MINISTRES DES

FINANCES DE D. PEDRO ET DE D. MARIA

30 AOUT 1834. — JOSÉ DA SILVA CARVALHO

Les paiements à court terme se sont obtenus sans difficulté, mais des difficultés ont été élevées pour ceux dont les échéances étaient éloignées. Le gouvernement portugais ayant suspendu le service de l'Emprunt, les souscripteurs ne s'expliquaient pas comment il pouvait invoquer les bénéfices d'un contrat dont il répudiait les charges.

« Il me paraît devoir être déclaré ici que la somme trouvée dans les caisses publiques était une somme de 322 contos 002,415 réis provenant d'un emprunt contracté à Paris avec *la maison Outrequin et Jauge,* dont 25 contos 065,960 reis en espèces frappées antérieurement au 24 juillet 1833 et le reste en lettres de change sur Lisbonne et Londres.

« Ajoutant à cette quantité, celle de 22 contos 494,544 réis reçue de Francisco Ferrari négociant de Gênes, et déduisant 88 contos, 581, 417 réis qui n'ont pas encore été recouvrés par les lettres de change *endossées à l'ordre de Manoel Joaquim Soarès à Londres,* en raison des obstacles qui se sont opposés à ce recouvrement tant là *qu'à Paris* pour *quelques-unes* des lettres de change, il résulte que la somme encaissée par la commission des finances, nommée par décret du 31 juillet 1833 et provenant de cette transaction, est 255 contos 915,442 réis. »

<h1 style="text-align:center">EXTRAITS</h1>

DU TABLEAU SYNOPTIQUE DES RECETTES ET DÉPENSES DU TRÉSOR
DU 1er AOUT 1833 AU 30 JUIN 1834

RECETTES EXTRAORDINAIRES

Emprunt *Outrequin et Jauge*..................... 334,496, 95 9

(Relatorio e Orçamento page 13)
31 OCTOBRE 1835. — FRANCISCO ANTONIO DE CAMPOS

RECETTES DU TRÉSOR

Emprunt *Outrequin et Jauge*................... 334, 496, 96

(CHAPITRE RECETTES EXTRAORDINAIRES)
(Relatorio e Orçamento 1835)

31 JANVIER 1839. — MANOEL ANTONIO DE CARVALHO

On envoie alors à **M.** Soarès, agent *spécial* délégué à cet effet à Londres pendant ces huit années, l'ordre de *solliciter* *la remise* des fonds et de l'obtenir comme il le pourra (*encar-regado de* SOLLICITAR *o andamento d'este negolio 1839*).

« *Nous continuons à poursuivre* devant la chambre des Lords à Londres *le procès que nous avons intenté aux banquiers Glynn et Compagnie* et tous autres *qui avaient accepté les traites existant dans le Trésor* du gouvernement précédent, comme étant des VALEURS REMISES EN VERTU DE L'EMPRUNT OUTREQUIN ET JAUGE DE PARIS ; et selon les dernières informations que nous recevons de notre agent le commandeur *Manoel Joaquim Soarès,* qui a de notre part LA MISSION SPÉCIALE de SOLLICITER LA SOLUTION DE CETTE INSTANCE, tout porte à croire que nous devons espérer une solution favorable dans le jugement qui mettra fin à nos justes réclamations. Cette somme qui nous est due monte à 88 contos 581, 000 réis en *capital seulement,* et par ce motif qu'il y a pour son recouvrement un procès engagé, nous la retrancherons provisoirement des recettes. »

(Relatorio e Orçamento 1839)
17 FÉVRIER 1840. — FLORIDO RODIGUES PERREIRA FERRAZ

A cet effet on l'a autorisé à faire les déclarations exigées par les tribunaux (*os esclarecimentos que se têm exigido 1840*).

« Nous continuons à poursuivre sans décision définitive, *relativement à* L'EXÉCUTION DE L'EMPRUNT OUTREQUIN ET JAUGE DE PARIS, Guilherme Collins de Londres et F. J. Van Zeller, ce sont ces poursuites dont mon prédécesseur au Ministère vous a entretenu le 31 janvier 1839. Les *déclarations* (esclarecimentos) que les tribunaux ONT EXIGÉES pour l'instruction de l'affaire (*déclarations que nous avons déjà faites en partie*) vous certainement amener chacun de ces procès à la solution qu'ils doivent avoir. »

(Relatorio e Orçamento 1840)

Enfin M. Soarès obtient ces versements par ses déclarations *après avoir prêté serment* (Becker page 61). On y retrouve exactement le prétexte fourni à l'avance par D. Pedro le 31 juillet 1833 « que les fonds n'étant certainement pas en sûreté entre les mains des banquiers anglais et français, il était de l'intérêt même des obligataires 1832 qu'ils fussent déposés et *mis en sûreté* au trésor à Lisbonne, à part de tous autres fonds et revenus du Royaume ».

DÉCLARATION DU COMMANDEUR MANOEL JOAQUIM SOARÈS

Il pense qu'il est dans les intentions de la Reine et du gouvernement actuel du Portugal de mettre de côté les fonds qui proviendront du paiement de ces lettres de change, et qu'autant que la totalité en sera réalisée et reçue par le gouvernement, *d'en distribuer le montant entre les ayant droit*. Il dit qu'il a reçu pour cet emploi équitable du ministre de son gouvernement l'ordre de poursuivre le paiement de ces lettres de change, et d'en remettre le montant à la commission des finances à Lisbonne, où ces fonds seront tenus à part de tous autres fonds et revenus du Royaume, pour la destination susdite, parce qu'il est à sa connaissance qu'en vertu du décret de D. Pedro du 31 juillet 1833 rendu au nom de D. Maria, les fonds à provenir de ces traites doivent être mis à part pour être répartis en temps voulu à tous ceux à qui ils peuvent appartenir de droit.

(Extrait de la procédure insérée dans le travail publié par M. H. Becker. — Étude de droit international 1874. Page 61.)

Or, vers la même époque, les recouvrements effectués sur l'Emprunt Outrequin et Jauge portés chaque année jusque-là au *chapitre des recettes extraordinaires* du trésor portugais, DISPARAISSENT ET NE SE RETROUVENT PLUS.

Cependant c'était bien aux Chambres Portugaises elles-mêmes que les ministres des Finances demandaient chaque année l'autorisation de faire ces poursuites et ces déclarations.

XI

Consolidation par la reine D. Maria en rentes 4 0/0 et 5 0/0 et pour leur valeur nominale des divers emprunts INTÉRIEURS émis en Portugal, sous le règne de Dom Miguel Iᵉʳ.

1836-1847

EMPRUNT DE 5,700,000 FRANCS ÉMIS A LISBONNE, AU 12 NOVEMBRE 1831, CONSOLIDÉ PAR DÉCRET DU 31 OCTOBRE 1836.

RAPPORT A LA REINE. — Les ministres de Votre Majesté, n'écoutant seulement que les droits les plus incontestables *ont pensé qu'ils devaient éteindre cette dette qui pourrait devenir par la suite un* EMBARRAS POLITIQUE.

Parmi les dettes les *plus privilégiées* ils ne peuvent s'abstenir de comprendre *l'emprunt du 12 novembre 1831.....*

DÉCRET : Est autorisée la consolidation de la dette *antérieure au 1ᵉʳ aoû 1833*, connue sous le nom de : Titre de la dette publique, *Emprunt de l'usurpateur*, créant à cet effet jusqu'à concurrence de la somme nécessaire, *un fonds d'État représenté par des inscriptions à 4 0/0* du type établi par le décret du 23 avril 1835.

Les titres en question seront acceptés *pour leur* VALEUR NOMINALE *représentative* en même temps qu'une partie en argent comptant dans la proportion qu'on établira avec les personnes qui veulent bien accepter cette *transaction*, suivant la nature et l'époque de l'émission et après avoir demandé aux intéressés *de faire d'abord leurs propositions.*

Palais das Necessitades, 31 octobre 1835.

La REINE.

EMPRUNT DE ONZE MILLIONS 200,000 FRANCS ÉMIS A LISBONNE LE 6 MAI 1828.
CONSOLIDÉ PAR DÉCRET DU 23 AVRIL 1847.

Divisé en 20,000 obligations nominales de 100,000 réis ou 560 francs à l'intérêt de 5 0/0.

DÉCRET : Les porteurs de cet Emprunt ayant fait connaître le grave préjudice qui résulte pour eux de la non-décision donnée à la proposition qu'ils ont faite à mon gouvernement pour convertir cet emprunt en inscription de dettes perpétuelles intérieures, déclarent abandonner tous les intérêts, etc., je trouve bon de décréter ce qui suit :

ARTICLE PREMIER. — Aux porteurs de cet emprunt... Je permets la *conversion de leurs titres* en inscription de dettes consolidées intérieures à l'intérêt de 5 0/0 avec ou sans coupon.

ARTICLE 2. — A la valeur *nominale des titres qu'il présentera à la conversion*, le porteur ajoutera vingt-cinq pour cent en billets de la Banque de Lisbonne, calculés également d'après leur valeur *nominale* de façon que conjointement avec chaque titre de *cent mille réis (560 francs nominal)* on présente ensuite à la junte du crédit public la justification que le trésor a reçu vingt-cinq mille réis en billets de la banque (*billets nominaux de 140 francs, valant effectivement la moitié ou 70 francs*) et mettra ladite junte en possibilité de délivrer alors des inscriptions correspondantes au capital de cent vingt-cinq mille réis à l'intérêt de *cinq pour cent (des obligations du trésor rapportant 35 fr. d'intérêt et remboursable à 700 fr.).*

ARTICLE 3. — Les porteurs déclareront par forme authentique qu'ils font *abandon de tous les intérêts courus jusqu'au 31 décembre 1846.* Les intérêts des inscriptions données en échange des anciens titres ainsi que des 25 0/0 additionnels en billets de banque seront payés à partir du 1ᵉʳ janvier de l'année courante.....

Palais das Necessitades, 23 avril 1847.

La REINE

Ne faut-il pas s'étonner que le gouvernement de D. Maria, si équitable envers ses nationaux porteurs d'Emprunts émis par D. Miguel, ait montré si peu de bonne volonté à désintéresser des étrangers porteurs d'un emprunt émis par le même prince et dans des conditions semblables.

Il semble même que l'emprunt extérieur 1832 aurait dû être liquidé le premier ; puisqu'après tout, l'argent des souscripteurs avait été versé *aux deux gouvernements successifs,* tandis que les souscripteurs des emprunts émis en Portugal, et dont nous venons de parler, s'étaient délibérés *exclusivement entre les mains de D. Miguel.*

XII

12° Consolidation proposée de l'Emprunt extérieur 1832 aux mêmes conditions.

28 mai 1847.

La pénurie du Trésor était alors extrême à Lisbonne, et en même temps que le gouvernement de D. Maria consolidait l'Emprunt intérieur émis sur D. Miguel, en 1828, pour se procurer par là quelques faibles ressources, il cherchait *inutilement* à contracter un nouvel Emprunt à Paris.

Il fit alors annoncer que l'Emprunt extérieur 1832 serait également consolidé dans ce nouvel emprunt et aux mêmes conditions que celles imposées aux créanciers intérieurs, c'est-à-dire que les porteurs auraient à rapporter 25 0/0 de la valeur nominale des titres en billets de la banque de Lisbonne. (Ces billets perdant moitié, ces 25 0/0 équivalaient alors à 12 1/2 0/0 en argent. — *Indépendance belge, 28 mai 1847. — Voir Emprunt royal de Portugal, page 202.*)

Mais le Gouvernement Portugais n'ayant pu alors réussir à contracter à Paris l'Emprunt, qu'il y cherchait ; cette proposition n'eut pas de suite.

C'est bien fâcheux pour un gouvernement qui a besoin d'argent comme le Portugal, que le prêteur en arrive à être convaincu qu'il n'a aucune garantie que la bonne volonté du pays. La bonne volonté est soumise à tant de hasards !

Que l'on remarque bien d'ailleurs que, par un singulier renversement des lois de la morale, lorsque cette bonne volonté se trouve entravée, c'est toujours plus au détriment des créanciers *étrangers* que des créanciers *nationaux*. Le Portugal qui prétend irrégulier l'emprunt contracté en 1832, sous Dom Miguel, à Paris, a parfaitement *reconnu* deux emprunts intérieurs de la même date. C'est la formule intégrale : « Nous traiterons nos créanciers *extérieurs* comme il nous plaira, car nous n'avons pas à en craindre d'actes coercitifs; mais les créanciers *nationaux* doivent être ménagés, car ils pourraient se soulever. » *Sans doute aucun État n'a encore atteint la dose de cynisme* qui paraît constituer maintenant le *robur et æs triplex des phéniciens dégénérés de l'atlantique ;* il faut reconnaître aussi que, depuis le traité de Methuen, le Portugal est une colonie anglaise plus étroitement tenue que l'Australie ou le Canada ; que des emprunts émis sous Dom Miguel, un seul, l'emprunt extérieur 1832, a été négocié *à Paris,* tandis que les emprunts intérieurs du même gouvernement avaient été placés en partie sur la place *de Londres.*

(*Moniteur de la Banque et de la Bourse, 18 juillet 1880.*)

<div style="text-align:center">~~~~~~~~~~~</div>

XIII

13° Rapport adopté par le Sénat en vue d'une intervention diplomatique de la part du gouvernement français.

29 avril 1853.

Le 10 février 1853 les obligataires français réunis à la Bourse avaient adressé une pétition au Sénat. Cette pétition donna lieu au rapport suivant :

M. LEBŒUF DE MONTGERMONT, RAPPORTEUR

« Vous vous rappelez, Messieurs, qu'en 1832, Dom Miguel Iᵉʳ, autorisa un Emprunt de 40 millions qui fut émis sur la place de Paris en avril 1833. L'emprunt se souscrivit dans les prix de 700 francs et les cours en furent cotés a la Bourse de Paris..... »

Lorsque le 24 juillet 1833, Dom Pedro eut fait proclamer Dona Maria, reine de Portugal... il existait dans le portefeuille du Ministre des finances des traites sur Londres remises à valoir sur l'Emprunt 1832. Dom Pedro par un décret en date du 31 juillet 1833, nomma une Commission pour poursuivre la rentrée de ces traites.....

« C'est à coup sûr ce qui ouvre un *Droit certain, incontestable,* aux porteurs d'obligations de l'Emprunt 1832.....

« Les porteurs s'adressent à vous, ils accompagnent leurs demandes de consultations redigées en faveur de leur cause par les hommes d'État les plus éminents, MM. Berryer, Dufaure, Odilon Barrot, de Vatimesnil.

« Ils réclament d'abord la reconnaissance de l'Emprunt ; ils s'appuient sur ce principe que les gouvernements qui se succèdent, sont, malgré leur origine différente, solidaires de leurs devanciers.

« Ils prétendent subsidiairement pouvoir exercer une revendication sur les biens personnels de Dom Miguel qui ont été réunis au domaine de l'État.....

« L'expérience des 50 dernières années a suffisamment démontré qu'il n'y avait pas seulement *justice,* mais encore *profit pour les nations à tenir leurs engagements.* Les États les plus obérés sont précisément ceux qui ont le plus besoin d'asseoir leur crédit.

« Nous croyons donc que notre gouvernement pourrait s'appuyer sur ces principes et sur les exemples donnés par d'autres nations obérées, pour intervenir en faveur de nos nationaux qui ont pris part à l'Emprunt contracté sous Dom Miguel Ier, alors maître du Royaume.

« La partie de la pétition qui concerne la répartition des valeurs provenant de l'Emprunt et trouvées par Dom Pedro dans les caisses et portefeuilles de *l'État,* nous paraît surtout mériter l'attention la plus sérieuse.

« La *légitimité* de cette créance a été reconnue par Dom Pedro lui-même, et *le temps convenable* auquel le décret du 31 juillet 1833 en renvoyait le remboursement *nous paraît être arrivé depuis longtemps !!!*

« En résumé, *si le Portugal ne peut pas, dans l'État actuel de ses finances, accepter toutes les charges de l'Emprunt de 1832,* il y a dans les réclamations présentées par les pétitionnaires, matière à une *transaction* qui pourrait satisfaire les porteurs de titres, et qui aurait pour le Gouvernement de Lisbonne, *l'avantage de raffermir son crédit* **en lui rouvrant les Bourses des principales places de l'Europe.**

« Le sénat pensera sans doute avec la commission que la diplomatie française doit chercher à amener cette transaction et nous lui proposons de renvoyer cette pétition à M. le Ministre des affaires étrangères. (*Renvoi immédiat au Ministre des affaires étrangères, adopté à l'unanimité.*)»

XVI

Transaction offerte par le Gouvernement portugais aux porteurs des titres non amortis de l'Emprunt 1832.

10 juin 1864

L'an 1864, le

Par devant nous, VICOMTE DE PAIVA, ENVOYÉ EXTRAORDINAIRE ET MINISTRE PLÉNIPOTENTIAIRE DE SA MAJESTÉ LE ROI DE PORTUGAL, en l'hôtel de la légation, à Paris, rue d'Astorg, n° 12;

A comparu M⁰ DECHAMBRE, avoué près le Tribunal civil de première instance de la Seine, demeurant à Paris, rue de Richelieu n⁰

Agissant, ainsi qu'il le déclare, au nom et comme *Président de la commission de réclamation* des Porteurs d'Obligations de l'emprunt de 1832.

Cet emprunt, divisé en 40,000 titres de 1,000 francs chacun, remboursables en 32 années et par séries, a été négocié sur différents marchés et remboursé le 1ᵉʳ Septembre 1833 jusqu'à concurrence de 1,250,000 francs, représentant les 1,250 titres de la 14ᵉ série...

Art. 1ᵉʳ

Le Gouvernement Portugais demandera aux Chambres Portugaises, dans le cours de la *Prochaine législature*, une loi antorisant la remise entre les mains des porteurs de titres de l'Emprunt des .... (*Ici devaient être inscrites les sommes réprésentant le chiffre de la transaction et sur lesquelles on n'était pas tombé d'accord*), contre la remise des titres dudit emprunt...

Art. 3

L'échange de titres contre le versement en argent aura lieu *à Paris* chez les banquiers chargés du paiement des intérêts des fonds portugais.

Art. 4

En remettant son titre, chaque porteur *subrogera le gouvernement Portugais* dans *tous ses droits, noms, actions, raisons et prétentions contre les signataires du contrat d'Emprunt du 5 octobre 1835* dans les termes de l'article 1,250 § 1 du Code Napoléon, mais sans aucune garantie de la part du subrogeant.

Art. 5

Au moyen de cet échange, les porteurs de titres reconnaîtront éteints tous leurs droits résultant de l'acte d'emprunt du 5 octobre 1832 et *libéreront* au besoin, *transactionnellement à forfait et pour solde,* soit Don Miguel, SOIT L'ÉTAT PORTUGAIS ce dernier à quelque titre que ce puisse être de dépositaire, DÉTENTEUR OU AUTRE.

Art. 7.

Ceux des porteurs adhérents qui n'auront pas remis leurs titres, comme il est dit articles 2 et 3, dans le délai de   à partir du   seront déchus de tous leurs droits au bénéfice des présentes par le seul fait de l'expiration dudit délai

ET NOUS

VICOMTE DE PAIVA, ENVOYÉ EXTRAORDINAIRE ET MINISTRE PLÉNIPOTENTIAIRE DE SA MAJESTÉ LE ROI DE PORTUGAL A PARIS, etc., avons rédigé le présent auquel nous avons fait apposer le sceau de nos armes, les jour, mois et an que dessus.

Certifié conforme à l'original entre mes mains,

Le secrétaire de la commission syndicale des porteurs
de titres faisant fonction de président,

BATTAREL, 128 rue Amelot.

Paris, le 25 avril 1878.

XV

13° Quel est le nombre réel des obligations portugaises 1832 restées en souffrance au 1ᵉʳ novembre 1880 ?

Le chiffre de *27,000 titres* placés dans le public, *du 1ᵉʳ avril au 30 juillet 1833,* qui ne s'est plus augmenté depuis (voir page *12*), *a été réduit par l'amortissement du 1ᵉʳ septembre suivant, à 25,750.*

Depuis lors, plus *d'un tiers des titres* ont disparu, rachetés, dit-on, peu à peu et *sous différentes formes,* par le gouvernement Portugais, ou détruits par les événements survenus depuis plus de quarante-six ans, de telle sorte qu'il ne reste pas aujourd'hui plus de *douze à quinze mille obligations* AU MAXIMUM entre les mains des porteurs, ainsi que l'a démontré une publicité *très étendue et constamment renouvelée depuis 1853* et tout particulièremeut durant les quatre dernièrcs années *(1877, 1878, 1879 et 1880),* par les soins des commissions syndicales françaises et hollandaises, non seulement en France et en Hollande, les deux pays où cet Emprunt avait été placé, mais encore en Allemagne, en Angleterre et en Belgique.

Paris. — J. Mersch et Cie, imp., 8, rue Campagne-Première

BIBLIOTHEQUE NATIONALE DE FRANCE

3 7531 03972851 5